HISTORIETAS JUVENILES: MISTERIOS™

AMITYVILLE

La casa encantada

Jack DeMolay

Traducción al español:
José María Obregón

PowerKiDS press™ **& Editorial Buenas Letras™**

New York

Published in 2009 by The Rosen Publishing Group, Inc.
29 East 21st Street, New York, NY 10010

First Edition

Editors: Melissa Acevedo and Joanne Randolph
Book Design: Ginny Chu
Illustrations: Q2A

Library of Congress Cataloging-in-Publication Data

DeMolay, Jack.
  [Ghosts in Amityville. Spanish]
  Amityville : la casa encantada / Jack DeMolay ; traducción al español, José María Obregón.– 1st ed.
      p. cm. – (Historietas juveniles: misterios)
  Includes index.
  ISBN-13: 978-1-4358-2537-6 (library binding)
  1. Ghosts–New York (State)–Amityville–Juvenile literature. 2. Haunted houses–New York (State)–Amityville–Juvenile literature. I. Title.
  BF1472.U6D45518 2009
  133.1'2974725–dc22
                                            2008012419

Manufactured in the United States of America

Contenido

AMITYVILLE: LA CASA
    ENCANTADA   4

¿SABÍAS QUE. . .?   22

GLOSARIO   23

ÍNDICE Y SITIOS WEB   24

AMITYVILLE:
LA CASA ENCANTADA

TODO COMENZÓ UNA FRÍA MAÑANA DE DICIEMBRE 1975, CUANDO LA FAMILIA LUTZ SE MUDÓ A SU NUEVO HOGAR EN OCEAN AVENUE EN AMITYVILLE, NUEVA YORK.

EL TIEMPO QUE PASARON AHÍ SE CONVERTIRÍA EN UNA DE LAS MÁS FAMOSAS HISTORIAS DE FANTASMAS EN NORTEAMÉRICA.

AUNQUE LA **VERACIDAD** DE LA HISTORIA HA SIDO DEBATIDA DURANTE MUCHOS AÑOS, MUCHAS PERSONAS SIGUEN INTERESADAS EN ELLA.

LA CASA ERA UN SUEÑO HECHO REALIDAD PARA LA FAMILIA LUTZ Y SUS TRES HIJOS.

NO LO PUEDO CREER, GEORGE.

AQUÉL FUE UN DÍA FELIZ.

¡DANNY! ¡VAMOS A VER LA CASA DEL LAGO!

AUN ASÍ, LA FAMILIA RECORDÓ LOS **HORRORES** QUE HABÍAN SUCEDIDO EN LA CASA UN AÑO ANTES.

EL AÑO ANTERIOR, UN TERRIBLE CRIMEN HABÍA HORRORIZADO AL TRANQUILO PUEBLO DE AMITYVILLE.

HOMBRE ASESINA A TODA SU FAMILIA

¡VAYA! ¡NADIE SALIÓ CON VIDA!

¡OIGAN! ¡ENCONTRAMOS AL ASESINO!

RONALD DEFEO JR. HABÍA ASESINADO A SUS PADRES Y A SUS HERMANOS.

DE ACUERDO CON DEFEO, FUE UNA VOZ LA QUE LE DIJO QUE COMETIERA EL CRIMEN.

DEFEO FUE ENCONTRADO **CULPABLE** Y PASARÁ EL RESTO DE SU VIDA EN LA CÁRCEL.

GEORGE Y KATHY LUTZ SABÍAN DE LA **TERRORÍFICA** HISTORIA DE SU NUEVA CASA.

GEORGE, ¿TÚ TAMBIÉN ESTÁS PENSANDO EN LOS CRÍMENES?

PERO LA TERRIBLE HISTORIA NO LOS DETENDRÍA. ÉSA ERA LA CASA DE SUS SUEÑOS.

ÉSTA ES NUESTRA CASA AHORA Y TODO SALDRÁ BIEN.

LA FAMILIA LUTZ COMENZÓ A INSTALARSE EN SU NUEVA VIDA.

PERO MUY PRONTO, ALGUNOS MISTERIOSOS EVENTOS COMENZARON A OCURRIR.

¿OYE, GEORGE?

¡GRACIAS POR VENIR!

GEORGE LE HABÍA PEDIDO A UN **EXPERTO** EN LO **PARANORMAL** QUE INVESTIGARA LAS VOCES QUE DEFEO DIJO HABER ESCUCHADO.

AL REVISAR LA CASA, EL EXPERTO SINTIÓ ALGO EXTRAÑO.

¿QUÉ HARÁN CON LA HABITACIÓN DE LA ESQUINA?

HABÍAMOS PENSADO TENER UN CUARTO DE COSTURA ¿POR QUÉ?

ALGO EN ESA HABITACIÓN ME HIZO SENTIR INCÓMODO.

GEORGE SE PREGUNTABA SI LO QUE SINTIÓ EL EXPERTO TENDRÍA ALGO QUE VER CON LA MALDAD QUE HABÍA SUCEDIDO EN SU NUEVA CASA.

¡PAPÁ! ¡PAPÁ!

¡HARRY ESTÁ ATORADO Y SE ESTÁ AHOGANDO!

¡TRANQUILO, HARRY!

YA, YA PASÓ.

HARRY SALIÓ ILESO PERO ÉSE FUE SÓLO EL INICIO DE LOS PROBLEMAS.

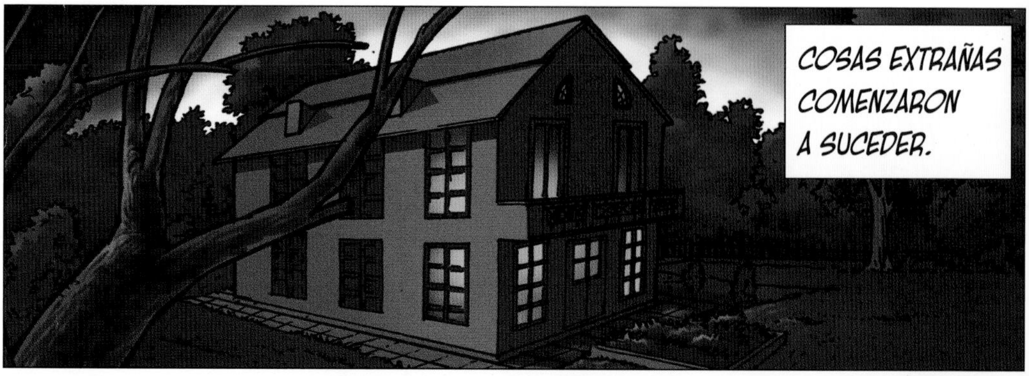
COSAS EXTRAÑAS COMENZARON A SUCEDER.

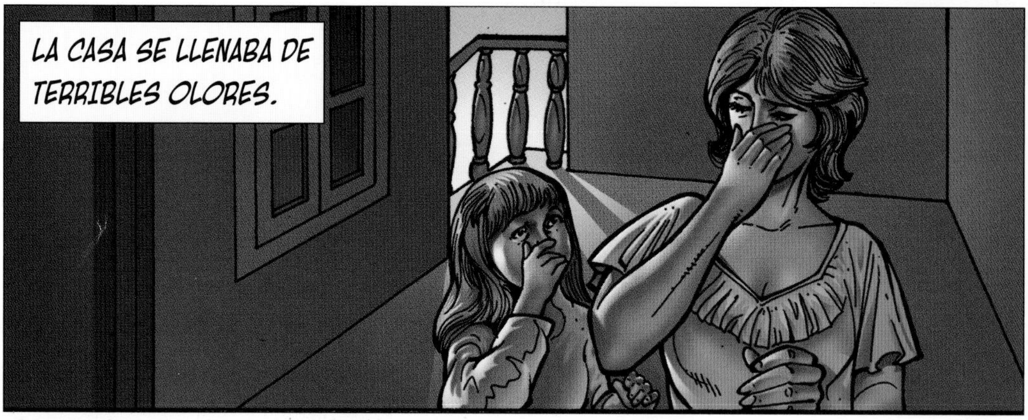
LA CASA SE LLENABA DE TERRIBLES OLORES.

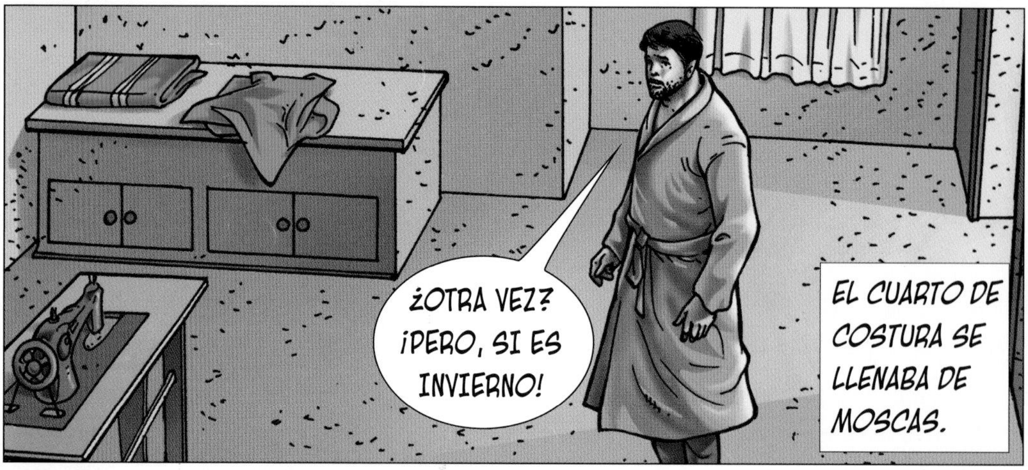
¿OTRA VEZ? ¡PERO, SI ES INVIERNO!
EL CUARTO DE COSTURA SE LLENABA DE MOSCAS.

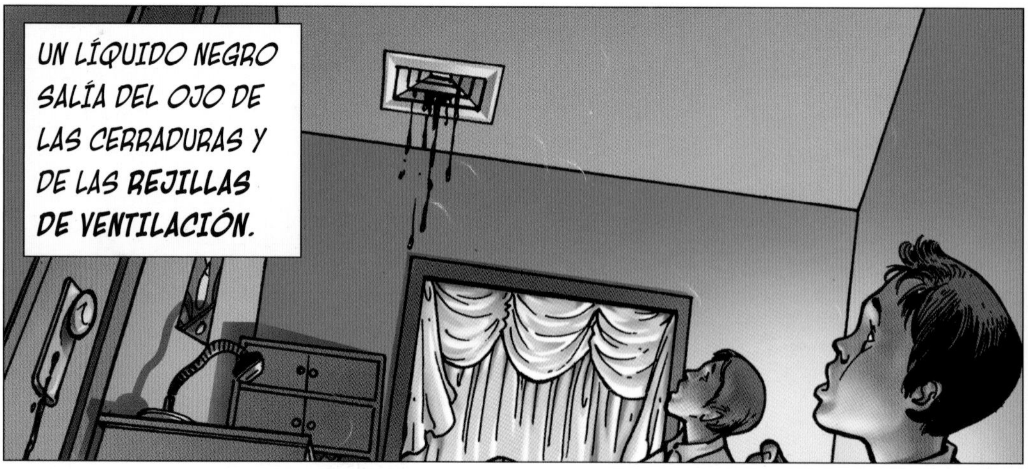
UN LÍQUIDO NEGRO SALÍA DEL OJO DE LAS CERRADURAS Y DE LAS **REJILLAS DE VENTILACIÓN**.

SIN EMBARGO, NO SÓLO LA CASA SE COMPORTABA DE MANERA EXTRAÑA.

GEORGE COMENZÓ A DESPERTARSE A LA MITAD DE LA NOCHE.

SINTIENDO LA EXTRAÑA NECESIDAD DE IR A REVISAR LA CASA DEL LAGO.

KATHY COMENZÓ A TENER **PESADILLAS**.

CON FRECUENCIA, GEORGE SE ENFERMABA.

Y HABÍA MUCHAS PELEAS EN CASA.

PRONTO, COMENZARON A ESCUCHARSE RUIDOS.

BOOM BOOM

¡HAY ALGUIEN EN EL ÁTICO!

AHÍ VAMOS, HIJO.

¡GEORGE! ¡ÉSA FUE LA PUERTA PRINCIPAL!

SLAM

CADA NOCHE, LA FAMILIA ESCUCHABA LOS RUIDOS. GEORGE HACÍA TODO LO POSIBLE POR ENCONTRARLOS.

NO LO ENTIENDO. ÉSTA ES LA ÚNICA PUERTA QUE HACE ESE RUIDO.

AL REGRESAR AL SEGUNDO PISO.

GEORGE VOLVIÓ A ESCUCHAR LOS RUIDOS EN EL PRIMER PISO.

¿QUIÉN ANDA AHÍ?

AL REGRESAR AL PISO DE ABAJO, DESCUBRIÓ QUE ALGUIEN HABÍA MOVIDO LOS MUEBLES.

PERO LA FAMILIA LUTZ DECIDIÓ QUE LA CASA NO LA ESPANTARÍA.

ASÍ QUE DECIDIERON HACER UNA FIESTA CON SUS VECINOS.

¡BIENVENIDOS A NUESTRA CASA!

BOOM BOOM BOOM

¿QUÉ FUE ESO?

¿TÚ TAMBIÉN LO ESCUCHASTE?

TODOS ESCUCHARON DESDE LAS ESCALERAS PREGUNTÁNDOSE DE DÓNDE VENDRÍA EL RUIDO.

¿CREES QUE SEA EL FANTASMA DE LA FAMILIA DEFEO?

GEORGE Y SUS INVITADOS BUSCARON EN TODAS LAS HABITACIONES EL ORIGEN DE LOS RUIDOS.

INCLUSO TRATARON DE ROGARLE A LOS ESPÍRITUS PARA QUE SE DETUVIERAN.

BOOM BOOM BOOM

PERO NADA FUNCIONÓ.

CUANDO SE FUERON LOS INVITADOS, LA FAMILIA LUTZ SE QUEDÓ SOLA NUEVAMENTE EN SU CASA ENCANTADA.

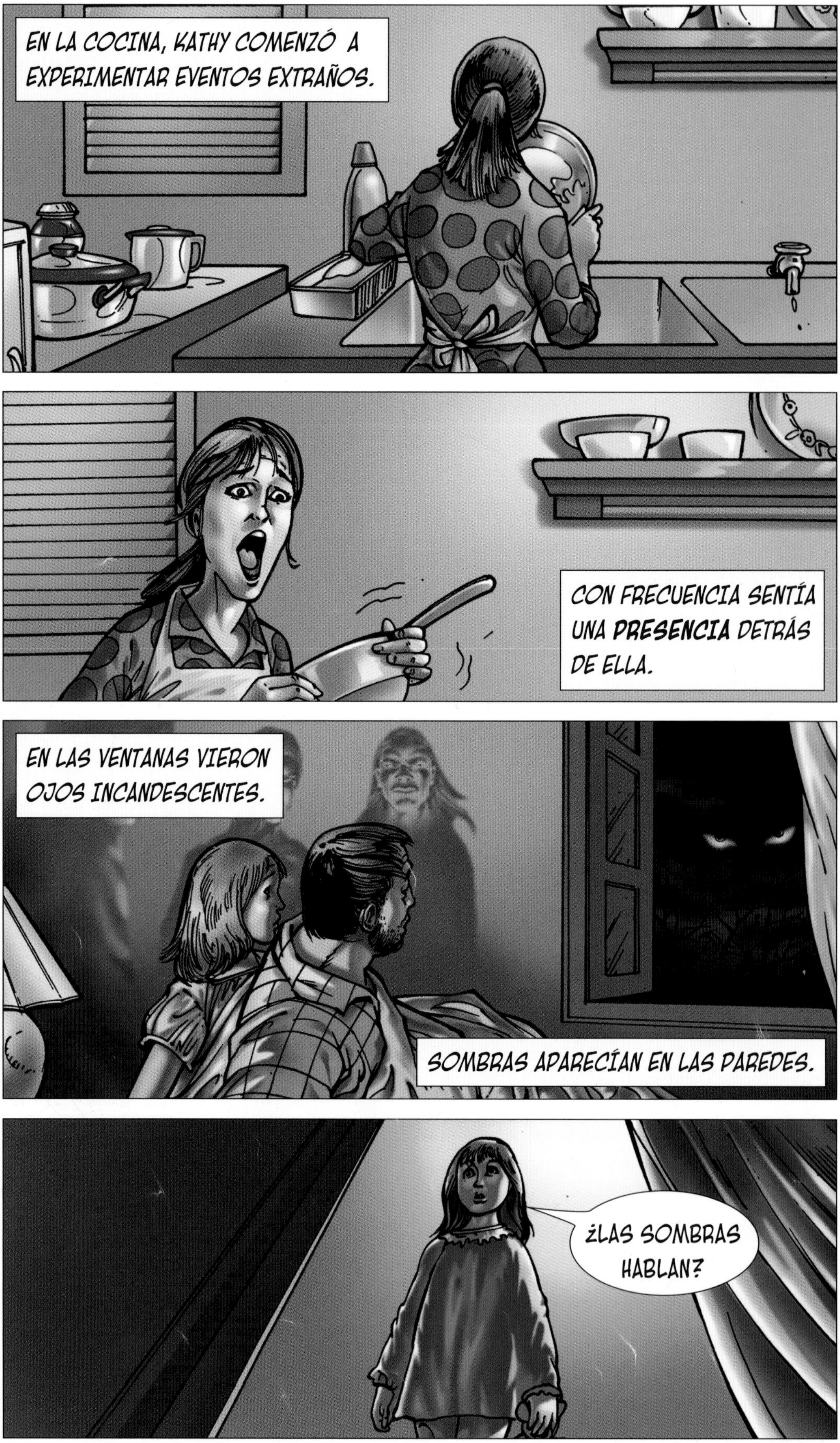
EN LA COCINA, KATHY COMENZÓ A EXPERIMENTAR EVENTOS EXTRAÑOS.
CON FRECUENCIA SENTÍA UNA **PRESENCIA** DETRÁS DE ELLA.
EN LAS VENTANAS VIERON OJOS INCANDESCENTES.
SOMBRAS APARECÍAN EN LAS PAREDES.
¿LAS SOMBRAS HABLAN?

MISSY LES DIJO A SUS PAPÁS QUE TENÍA UN AMIGO **IMAGINARIO**.

EL VIENTO ASUSTÓ A JODIE.

¿QUIÉN ES JODIE, AMOR?

JODIE ES MI AMIGO. JODIE PUEDE CAMBIAR DE FORMA.

DICE QUE LE GUSTA LA CASA.

DICE QUE VIVIRÉ AQUÍ TODA LA VIDA.

SUS PAPÁS ESTABAN HORRORIZADOS.

LOS HORRORES CONTINUARON.

¡AHÍ ESTÁN ESOS OJOS OTRA VEZ, GEORGE!

¡DÉJANOS EN PAZ! ¿ME ENTIENDES?

GEORGE CORRIÓ AFUERA, DONDE HIZO UN EXTRAÑO **DESCUBRIMIENTO**.

¿SON ÉSAS MARCAS DE PEZUÑAS?

TODO ESTO VOLVIÓ LOCA A LA FAMILIA.

AAAHHHH

NO HABÍA DESCANSO.

¡MAMÁ! ¡AHÍ ESTÁN OTRA VEZ LOS OJOS!

LA FAMILIA COMENZÓ A PELEAR.

CRASH

Y ESO NO LE GUSTÓ A LA CASA.

SQUEAL

YA NO PUEDO MÁS.

LA CASA LOS HABÍA DERROTADO.

LA FAMILIA SE APRESURÓ
A DEJAR LA CASA.

LAS PAREDES PARECÍAN MOVERSE
Y COMENZARON A CRUJIR.

¡RÁPIDO!

AL SALIR, GEORGE
SE TOPÓ CON UN
FANTASMA. CON
SUERTE, ÉSE SERÍA
EL ÚLTIMO FANTASMA
QUE VERÍA.

¡VAMOS!
¡VAMOS!

DÍAS MÁS TARDE, **INVESTIGADORES** DE LO PARANORMAL VISITARON LA CASA.

PARECE QUE SE FUERON DE PRISA. ALGO EN LA CASA DEBE HABERLOS ESPANTADO.

LOS INVESTIGADORES REVISARON TODAS LAS HABITACIONES DE LA CASA.

DEFINITIVAMENTE HAY ALGO EXTRAÑO EN ESTA CASA.

¡ESPERO NO VOLVER A SENTIRME ASÍ EN MI VIDA!

MUCHOS AÑOS HAN PASADO, PERO LA FAMILIA LUTZ MANTIENE LA HISTORIA DE LOS HORRORES QUE VIVIERON EN AMITYVILLE.

FIN

¡Sabías que...?

- Muchas personas que han investigado la historia de Amityville creen que se trata de un engaño. Algunos creen que la familia Lutz inventó la historia para atraer atención y ganar dinero.

- Algunas personas creen que un brujo llamado John Ketcham fue el dueño de la casa de Amityville en un tiempo.

- Dos películas se han producido acerca de la casa de Amityville. Ambas películas se filmaron en Toms River, Nueva Jersey, y no en Amityville, Nueva York.

- Desde que la familia Lutz reportó los fantasmas, ninguna persona que haya vivido en 112 Ocean Avenue ha reportado nada extraño.

- Antes de comprar la casa en Amityville, la familia Lutz vio más de 50 casas. La familia pagó 80,000 dólares por la casa.

Glosario

culpable Haber hecho algo en contra de la ley.

descubrimiento (el) Algo que se ha encontrado por primera ocasión.

experto, experta (el/la) Una persona que sabe mucho de un tema.

horrores (los) Eventos que causan gran daño o preocupación.

imaginario Algo inventado.

investigadores (los) Personas que tratan de encontrar algo.

paranormal Algo que la ciencia no puede explicar.

pesadillas (las) Sueños que dan miedo.

presencia (la) Algo que se cree o se siente.

rejillas de ventilación (las) Aberturas que dejan entrar o salir aire.

terrorífico Que da miedo.

veracidad (la) Que es verdadero.

Índice

C

casa del lago, 5, 11
cuarto de costura, 8, 10

D

Defeo, Ronald, Jr., 6, 8

E

experto paranormal, 8

F

fantasma(s), 15, 20
fiesta, 14

H

huellas de pezuñas, 18

L

líquido negro, 10
Lutz, George, 5, 7–9, 11–13,
18, 20
Lutz, Kathy, 7, 11, 16
Lutz, Missy, 17

O

ojos incandescentes, 16

P

pesadillas, 11

S

sombras, 16

Sitios Web

Debido a los constantes cambios en los enlaces de Internet, Rosen Publishing Group, Inc. mantiene una lista de sitios en la red relacionados con el tema de este libro. Esta lista se actualiza regularmente y puede ser consultada en el siguiente enlace: www.powerkidslinks.com/jgm/amityvil/